Agapius Honcharenko

Russko-angliiskie rasgovori : Russian and English phrase book

specifically adapted for the use of traders, travlers andteachers

Agapius Honcharenko

Russko-angliiskie rasgovori : Russian and English phrase book
specifically adapted for the use of traders, travlers andteachers

ISBN/EAN: 9783744729758

Printed in Europe, USA, Canada, Australia, Japan

Cover: Foto ©Andreas Hilbeck / pixelio.de

More available books at **www.hansebooks.com**

РУССКО-АНГЛІЙСКІЕ РАЗГОВОРЫ.

RUSSIAN AND ENGLISH

PHRASE BOOK,

SPECIALLY ADAPTED FOR THE

USE OF TRADERS, TRAVELERS AND TEACHERS.

By AGAPIUS HONCHARENKO.

SAN FRANCISCO:
A. ROMAN & COMPANY,
17 MERCER STREET, NEW YORK.
1868.

PREFACE.

Our relations with the coasts of Asiatic Russia are but just commenced, and must grow to be more and more important with every year; and for every purpose of amity and commerce a knowledge of the Russian language must be of the greatest advantage to the Americans of the Pacific Coast.

The Russian language is easy, and full of delicate and rich forms. The literature has already many noble works to boast of, and its future is full of promise. To assist in spreading the knowledge of this tongue we have established the first Russian press ever set up in America. Our work may be considered as the commencement of an intimate union with Siberia, that land of undeveloped riches; and for its practical value in business and social life we respectfully submit our volume to the intelligent public.

THE AUTHOR.

San Francisco, March, 1868.

Предисловіе.

Моя сильная вѣра, въ грядущую судьбу—единодушной работы—Сибиряка и Американца, побудили поставить здѣсь первый русскій станокъ.

Русскій языкъ и русская литература, по своей возвышенности, равносильны съ другими цивилизованными народами.

Сознавая это, считаю необходимымъ, положить начало преподаванія русскаго языка въ Америкѣ.

Для сего дѣлаемъ сіе изданіе, въ которомъ напечатаемъ: русскую азбуку, сокращенную русскую грамматику, и разговоры ежедневной жизни. Надѣясь доставить публикѣ, существенную пользу въ международныхъ отношеніяхъ. Агапій.

INDEX.

	PAGE.
Russian Grammar...	7
Russian and English Dialogues—	
The weather and the seasons...........................	17
Spring, Summer, Autumn, Winter.....................	19
Time..	21
Months and the days of the week.....................	23
The age..	24
Getting up...	26
Dress..	27
Going to bed...	30
The human race...	31
Health...	35
Breakfast...	38
Dinner..	41
Supper..	44
The house...	48
A visit...	51
The garden...	52
The country..	55
Traveling..	59
The school..	64
Writing...	66
The bookseller..	69
Commerce...	71
Phrases in common use...................................	76

RUSSIAN GRAMMAR.

Alphabet of the Russian Language.

The Russian alphabet consists of thirty-five letters:—

Аа	Бб	Вв	Гг	Дд	Ее	Жж	Зз	Ии	Іi	Кк
a	b	v	h	d	e	j	z	e	e	k

Лл	Мм	Нн	Оо	Пп	Рр	Сс	Тт	Уу	Фф	Хх	Цц
l	m	n	o	p	r	s	t	u	f	ch	c

Чч	Шш	Щщ	Ъъ	Ыы	Ьь	Ѣѣ	Ээ	Юю	Яя
ch	sh	sch	er	ere	er	et	a	iu	ia

Ѳѳ	Йй.
th	ee.

а б в г д е ж з и і к л м н о п р с т у ф х ц ч ш щ ъ ы ь ѣ э ю я ѳ й.

PRONUNCIATION.

In Russian, there are eleven vowels, viz: а, е, и, і, о, у, ы, ѣ, э, ю, я.

    а, as .... in f*a*ther;
    е, as .... in y*e*t;
    и, as .... in m*e*;
    і, as .... in m*e*;
    о, as .... in n*o*t;
    у, as .... in b*oo*t;
    ы, as .... in sq*ui*b;
    ѣ, as .... in y*e*t (soft);
    э, as .... in y*e*t (strong);
    ю, as .... in m*u*te;
    я, as .... in *ya*m.

Three semi-vowels, viz: й, ъ, ь.

    й, as *е,* in m*e,* uttered with impulse, after intervening pause.
    ъ, makes consonant before *it,* end harsh.
    ь, makes consonant before *it,* end soft.

Twenty one consonants, viz: б, в, г, д, ж, з, к, л, м, н, п, р, с, т, ф, х, ц, ч, ш, щ, ѳ.

ба, бе, би, бі, бо, бу, бы, бѣ, бэ, бю, бя.
баба, беру, бить, быть, бобы, бѣда, буду
ва, ве, ви, ві, во, ву, вы, вѣ, вэ, вю, вя.

ваша, веселіе, высокій, воскресеніе, вѣра, вюга.
га, ге, ги, го, гу, *га, гу*.
Гагаринъ, *государь*, гусь, господство.
да, де, ди, ді, до, ду, дѣ, дю, дя.
даю, держу, дира, домъ, душа, дышу, дядюшка.
ма, ме, ми, мі, мо, му, мѣ, мю, мя.
маменька, меня, милосердіе, міръ, мудрость.
па, пе, пи, по, пѣ, пя.
папа, Петръ, пиво, піонеръ, попъ, пѣна.
та, те, ти, то, ту, ты, тѣ, тя.
Татаринъ, темя, титулъ, торговля, тюрма.
та, те, ти, то, ту, ты, тѣ, тя.
тебя, торговля, Турокъ, тяжба.
ща, ще, щи, що, щу, щѣ.
щастіе, щитать, щолкать, щетина.
ча, че, чи, чо, чу, чѣ.
чародѣй, человѣкъ, читать, чудакъ.
ца, це, ци, цо, цу, ця.
Царь, церковь, цыганъ, цѣлый.

REMARKS.

The exact sound of the letters can be obtained only from the living teacher, and by repeating after him. A few lessons would, however, prove sufficient for an apt scholar to enable him to overcome all the difficulties of Russian pronunciation.

PARTS OF SPEECH.

There are *nine* parts of speech:
1. The Noun (Имя Существительное).
2. Adjective (Имя Прилагательное).
3. Pronoun (Мѣстоименіе).
4. Numerals (Имя Числительное).
5. Verb (Глаголъ).
6. Preposition (Предлогъ).
7. Adverb (Нарѣчіе).
8. Conjunction (Союзъ).
9. Interjection (Междометіе).

I. NOUNS.

Nouns have: Gender, Number and Case.

GENDER.—There are *three* genders, which are distinguished by the noun termination.

Masculine. All nouns ending in—ъ, й, ь, are masculine, as: человѣкъ, Андрей, Царь.

Feminine. All nouns ending in—а, я, ь, are feminine, as: жена, змѣя, вонь.

Neuter. **All** nouns ending in—о, е, мя, are neuter, as : село, поле, имя.

Number. Nouns have *two* numbers, Singular and Plural, distinguished by their terminations.

Case. There are *seven* cases, distinguished by their terminations. The Nominative, Genitive, Dative, Accusative, Vocative, Ablative and Prepositional Objective.

Nouns the **names of** animate **objects form their** Genitive **and** Accusative **alike, and nouns** the names of inanimate **objects,** form their **Accusative** like the Nominative **in both** numbers.

In the declination of names, the Vocative and the Nominative are alike, except names of persons, titles, **and** the direct address, which end in—о, е, и, as: Дѣво Марiе, Сыне Божiй, **Христе,** Боже.

DECLINATION TABLE.

	MASCULINE.			FEMININE.			NEUTER.		
	SINGULAR.			SINGULAR.			SINGULAR.		
N.	ъ	й	ь	а	я	ь	о	е	мя
G.	а	я	я	ы	и	и	а	я	мени
D.	у	ю	ю	ѣ	ѣ	и	у	ю	мени
Ac.	ъ, а	й, я	ь, я	у	ю	ью, ію	о	е	мя
Ab.	омъ	смъ	емъ	ою, ой	ею, ей	ью, ію	омъ	емъ	менемъ
P.	ѣ	ѣ	ѣ	ѣ	и	и	ѣ	ѣ	мени
	PLURAL.			PLURAL.			PLURAL.		
N.	ы	и	и	ы	и	и	а	я	мена
G.	овъ	евъ	ей	ъ	ь	ей	ъ	ей	менъ
D.	амъ	ямъ	ямъ	амъ	ямъ	ямъ	амъ	ямъ	менамъ
Ac.	ы, овъ	и, евъ и, ей	и, ей	ы, ъ	и, ь	и, ей	а	я	мена
Ab.	ами	ями	ями	ами	ями	ьми	ами	ями	менами
P.	ахъ	яхъ	яхъ	ахъ	яхъ	яхъ	ахъ	яхъ	менахъ

Sin. N. & V. человѣкъ, man. G. человѣка, of man.
D. человѣку, to man. Acc. человѣка, man.
Ab. человѣкомъ, man. P. о человѣкѣ, man.
Plur. N. & V. люди, men. G. людей, of men.
D. людямъ, to men. Acc. людей, men.
Ab. людьми, men. P. о людяхъ, men.

The Nominative and Vocative correspond with the English Nominative, the Genitive with the English Possessive, the Accusative with the English Objective after a verb, and the Dative, Ablative and Prepositional Objective with the English Objective after a preposition.

II. ADJECTIVE.

Adjectives always precede nouns, and agree with the nouns, to which they are joined, in gender, number and case.

Adjectives admit of comparison, and have *three* degrees, Positive, Comparative and Superlative, distinguished by a syllable termination in the regular form of comparison. The terminations are, as follows :—Pos. богатый, reach. Com. богаче. Sup. богатѣйшій. Ветхій. old; ветше; ветшайшій.

EXAMPLE OF DECLINATION.

SINGULAR.

	MASCULINE.	FEMININE.	NEUTER.
N.	Добрый good	добрая	доброе
G.	добраго	доброй	добраго
D.	доброму	доброй	доброму
Ac.	добрый—аго	добрую	доброе
Ab.	добрымъ	доброю	добрымъ
P.	добромъ	доброй	добромъ

PLURAL.

N.	добрые	добрыя	добрыя
G.	добрыхъ	добрыхъ	добрыхъ
D.	добрымъ	добрымъ	добрымъ
Ac.	добрые—ыхъ	добрыя--ыхъ	добрыя
Ab.	добрыми	добрыми	добрыми
P.	добрыхъ	добрыхъ	добрыхъ

III. PRONOUN.

All pronouns are divided into *eight* principal classes: Personal, Reflexive, Possessive, Demonstrative, Interrogative, Indefinite, Relative and Definite. Pronouns are again divided, according to their signification and form, into Substantive and Adjective.

Substantive personal pronouns: Sing. N. **Я**, I. G. **меня**, of me. D. **мнѣ**, to me. Acc. **меня**, me. Ab. **мною**, me. P. **обо мнѣ**. Plur. N. **мы**, we. G. **насъ**, of us. D. **намъ**, to us. Acc. **насъ**, us. Ab. **нами**, us. P. **о насъ**, us.

IV. NUMERALS.

They are divided into *four* classes, viz: Cardinals, Ordinals, Multiples and Fractionals.

Numerals, like pronouns, are divided, according to their signification and form, into Substantive and Adjective numerals.

V. VERB.

Verbs are divided into the following classes:— Active, Passive, Middle or Reflexive, Neuter-Reflexive and **Neuter**. They have two forms of Conjugation: Regular and Irregular.

REGULAR.—Infinitive: **Наполнять**, to fill. Indicative mood—Present tense: **Я наполняю**, I fill; ты наполняешь, thou fillest; **онъ наполняетъ**, he fills; мы наполняемъ, we fill; вы наполняете, you fill; они наполняютъ, they fill. Imperfect tense:

Я наполнялъ, I filled. Future tense: Я буду наполнять, I will fill. Imperative tense: Наполняй, fill. Present participle: Наполняющій and наполняя, filling. Perfect participle: Наполненъ and наполнившій, filled.

This brief sketch of the Russian Grammar prepared by the AUTHOR, is to show the **American** scholar, that the language is quite easy. Scholars in reading Russian dialogues will perceive the delicacy and richness of the language.

RUSSIAN AND ENGLISH DIALOGUES.

THE WEATHER AND THE SEASONS.

It rains.
Дождь идетъ.
Dojd edat.

It rains fast.
Идетъ сильный дождь.
Edat selnee dojd.

I am completely drenched.
Я весь промокъ.
Ia ves promok.

It has left off raining.
Дождь прошелъ.
Dojd proshel.

The wind blows high
Вѣтеръ силенъ.
Vieter selen.

A dreadful snow-storm.
Ужасная вьюга.
Uzasnaia wiuga.

We shall have rain.
Будетъ дождь.
Budet dojd.

I am quite wet.
Я обмокъ.
Ia obmok.

It is windy.
Вѣтрено.
Vietreno.

The wind is getting up.
Вѣтеръ поднимается.
Vieter podnimaetsia.

The wind has changed.
Вѣтеръ перемѣнился.
Vieter peremenelsia.

A chiling blast.
Самый холодный вѣтеръ.
Samee cholodnee vieter.

Snow-drift.
Метель, метелица.
Metel, meteletsa.

The dust is flying very much.
Пыльно.
Pelno.

It snows.
Снѣгъ идетъ.
Sneg edet.

It is hot.
Жарко.
Zarko.

I feel warm.
Мнѣ жарко.
Mnie zarko.

The heat is insupportable.
Жаръ несносенъ.
Zar nesnosen.

The atmosphere is hazy.
Воздухъ туманенъ.
Vozduch tumanen.

A sharp, bleak north-wind.
Рѣзкій сѣверный вѣтеръ.
Riezkee severnee vieter.

Dew is falling.
Падаетъ роса.
Padaet rosa.

The snow is melting away.
Снѣгъ таетъ.
Sneg taet.

It is bitterly cold to-day.
Очень холодно сегодня.
Ochen cholodno segodnia.

I am cold.
Мнѣ холодно, я озябъ.
Mnie cholodno, ia oziab.

The sun is burning, scorching.
Солнце жжетъ, печетъ.
Solntze zjet, pechet.

The thunder rolls.
Громъ гремитъ
Grom gremet.

Oh, how hot it is.
Ахъ, какъ жарко.
Ah, kak zjarko.

The weather is stormy.
Бурно.
Burno.

A thunderbolt has fallen.
Молнія ударила.
Molnea udarila.

The thunderstorm has ceased.
Гроза прошла.
Groza proshla.

SPRING, SUMMER, AUTUMN, WINTER.

The trees begin to be decked with leaves and blossoms.
Деревья покрываются листьями и цвѣтами.

Derevia pokrevaiutsia lestiame e plodame.

The trees have borne much fruit.
Дерев:я принесли много плодовъ.
Derevia prenesle mnogo plodow.

The country-people are going again about their agricultural labors.
Земледѣльцы принимаются опять за свою полевую работу.

Zemledielci prinimaiutsia opiat za svoiu polevuiu rabotu.

The gardens are perfumed with the fragrancy of flowers.
Сады наполнены запахомъ цвѣтовъ.

Sade napolnane zapachame tevietow.

The crop will be plentiful.
Жатва будетъ богата.
Jatva budet bogata.

The grapes have failed.
Виноградъ не уродился.
Venograd ne urodelsia.

The wine will be dear.
Вино будетъ дорого.
Veno budet dorogo.

It freezes.
Морозитъ.
Morozet.

It freezes very hard.
Трескучiй морозъ.
Traskuchee moroz.

The river is frozen over.
Рѣка стала.
Rieka stala.

Warm yourself.
Погрѣйтесь.
Pogreetes.

I am quite stiff, benumbed with cold.

The days are very short.
Дни очень коротки.
Dne ochen korotke.

The trees are covered with rime.
Деревья покрыты инеемъ.
Derevia pokrete enaem.

Winter draws near, is at hand.
Наступаетъ зима.
Nastupaet zema.

One can slide without danger.
Можно кататься по льду.
Mozno katatsia po ldu.

My nose is frost-bitten.
Я себѣ озноби́лъ носъ.
Ya sebie oznobel nos.

The heat is increasing.
Теплота увеличивается.
Teplota uvelechevaetsia.

I am extremely sensible to cold.
Я чрезвычайно зябокъ.
Ya chrezuichaeno zyabok.

In Russia one can scarcely do without a fur-cloak.

Я весь оцѣпенѣлъ отъ стужи.
Ya ves ociepeniel ot stuze.

Въ Россіи не можно обойтись безъ шубы.
W Rossee ne mozjno obocctes bez shube.

It is well sitting near the fire-side.
Пріятно грѣться у огня.
Preyatno hretsia u ognia.

An inundation is apprehended.
Боятся наводненія.
Boiatsya navodneniya.

Thus far, we have given in English words, the exact pronunciation of the Russian. But we think it no longer necessary to write out the pronunciation, as the English scholar, can by spending three hours with a Russian, learn the pronunciation correctly, which with the few pages already written, will give all necessary instruction.

TIME.

The sun rises.
Солнце восходитъ.
It is day-light.
Свѣтло.

It is quite dark.
Все темно.
The moon rose.
Мѣсяцъ поднимается.

It will soon be night.	The moon shines.
Скоро настанетъ ночь.	Луна свѣтитъ.
The sun is setting.	Half-moon.
Солнце заходитъ.	Полумѣсячіе.
It is night.	The day after to morrow.
Теперь (ужь) ночь.	Послѣ завтра.
In the evening, in the night.	The other day.
Вечеромъ, ночью.	Не давно.
A month hence.	Every day.
Черезъ мѣсяцъ.	Всякой день.
Half a year ago.	Every other day.
Полгода тому назадъ.	На другой день.
What is the day of the month?	To morrow will be a holy-day.
Которое число сегодня?	Завтра будетъ праздничный день.
The seventh.	Instantly.
Седмое.	Сей часъ, тотчасъ.
Last year.	To day is my birth-day.
Въ прошедшемъ году.	Я сегодня имянинникъ.
Every minute.	My birth-day.
Каждую минуту.	День моего рожденія.

MONTHS.

January.	July.
Январь.	Іюль.
February.	August.
Февраль.	Августъ.
March.	September.
Мартъ.	**Сентябрь.**
April.	October.
Апрѣль.	Октябрь.
May.	November.
Май.	Ноябрь.
June.	December.
Іюнь.	Декабрь.

THE DAYS OF THE WEEK.

Sunday.	Thursday.
Воскресенье.	Четвергъ.
Monday.	Friday.
Понедѣльникъ.	Пятница.
Tuesday.	Saturday.
Вторникъ.	Суббота.
Wednesday	
Среда.	

FEASTS.

Christmas.	Easter.
Рождество Христово.	Свѣтлое Воскресеніе.
New Year.	Pentecost.
Новый годъ.	Духовъ день.
Lent.	Trinity Sunday.
Постъ.	Троицинъ день.
Palm Sunday.	Ascension Day.
Вербное воскресенье.	Вознесеніе.
Good Friday.	Midsummer day.
Великая пятница.	Ивановъ ден .

THE AGE.

How old are you?	He is still a bachelor.
Сколько вамъ лѣтъ.	Онъ еще холостъ.
I am thirty years old.	My eldest brother is married.
Мнѣ тридцать лѣтъ.	Старшій братъ женился.
I am older than you.	He is but six years old.
Я васъ старше.	Ему только шесть лѣтъ.
You are rather young.	He does not look his age.
Вы очень молоды.	Сего не видно.
How old is your sister?	His brother is of age.
Который годъ вашей	Братъ его совершенно

сестрицѣ?

He enjoys a green old age.
Онъ еще бодрый старикъ.

Both sexes.
Мужескій и женскій полъ.

A man.
Мужчина.

A woman.
Женщина.

A child.
Дитя.

A boy, a lad.
Мальчикъ, отрокъ.

New-married people.
Молодые супруги.

Are your parents still alive?
Живы ли еще ваши родители?

Does your father still live?
Живъ ли еще вашъ отецъ?

лѣтенъ.

He is at the point of death.
Онъ при самой смерти, при кончинѣ.

A youth.
Юноша, молодой человѣкъ.

A girl.
Дѣвица.

An old maid.
Старая дѣвица.

Betrothment.
Обрученіе.

The marriage.
Женитьба.

A widower.
Вдовецъ.

I have three sons and two daughters.
У меня три сына и двѣ дочери.

They are near relations.
Они близкія родственники.

How many children have you?	He is the very picture of the mother.
Сколько у васъ дѣтей?	Онъ весь въ матушку.
The ancestors.	The cousin.
Предки.	Двоюродный братъ.
The descendants.	The son in law.
Потомство.	Зять.
The pedigree.	The daughter in law
Родословное дерево.	Невѣстка.
The grandmother.	God mother.
Бабушка.	Крестная мать.
The nephew, the niece.	Foster mother.
Племянникъ, племянница.	Воспитательница, кормилица.

GETTING UP.

Awake!	Are you still asleep?
Проснитесь!	Вы еще спите?
Get up!	Are you not yet awake?
Вставайте.	Вы еще не проснулись?
It is time to get up.	It is broad day.
Пора вставать.	Уже со всѣмъ свѣтло.

You have got up very early, I think.

Кажется что вы очень рано встали.

How did you sleep last night?

Какъ спали вы прошлую ночь?

I have not closed my eyes; I did not sleep a wink.

Я не сомкнулъ глазъ во всю ночь.

The more one sleeps, the more one likes to sleep.

Чѣмъ больше спишь, тѣмъ больше хочется спать.

I have been awake the whole night.

Я просидѣлъ цѣлую ночь безъ сна.

I was fast asleep when you came.

Я крѣпко спалъ, когда вы пришли.

When I am in the country, I always get up at sunrise.

На дачѣ я всегда встаю съ восходомъ солнца.

I shall soon be ready, have the kindness to step into my cabinet.

Я скоро буду готовъ, потрудитесь войти въ мой кабинетъ

DRESS.

Dress quickly!

Одѣвайтесь скорѣе.

I shall **not** be long in dressing.

Я не долго буду одѣваться.

Where is my dressing gown?

Гдѣ мой халатъ (шлафрокъ).

Here is the basin with fresh water and the wash-ball.

Вотъ лоханка съ чистою водою, и мыло.

Wash your face and hands.

Умойте себѣ руки и лице.

Dry them with this towel.

Вытрите ихъ этимъ полотенцомъ.

You do not comb your hair.

Вы не причесываете вашихъ волосовъ.

I will put on boots.

Я хочу надѣть сапоги.

Have you got my blue coat scoured?

Вычищено ли мое синее платье?

Bring me a clean white shirt.

Подай мнѣ чистую рубашку.

Give me some water to rinse my mouth.

Дай мнѣ воды выполоскать ротъ.

Your hands are very dirty.

Ваши руки очень грязны.

Have you cut your nails?

Обрѣзали ли вы ваши ногти?

I must shave myself.

Мнѣ надобно выбриться.

Have you cleaned them?

Вычистилъ ли ты ихъ?

It is torn.

Оно разорвано.

Put on your coat.
Наденьте ваше платье.

This coat suits you very well.
Это платье вамъ очень пристало.

It fits you admirably.
Это вамъ чрезвычайно идетъ.

Brush my hat.
Вычистите мою шляпу.

This hat suits you well.
Эта шляпа вамъ къ лицу.

You are plainly and properly dressed.
Вы одѣты просто и чисто.

You dress yourself with much taste.
Вы одѣваетесь со вкусомъ.

Put my toilet in order..
Приготовь мой уборный столикъ.

This lace won't do.
Этотъ шнурокъ не годится.

Let the lace go a little.
Спусти не много снурокъ.

Look, if my neck-kerchief is straight behind.
Посмотри, прямо ли сидитъ косинка моя съ зади.

Fasten it with a pin.
Приколи ее.

You prick me.
Ты меня колешь.

It is not well pinned.
Она не хорошо приколота.

Pull up my sleeves.
Завороти мнѣ рукава.

Put on my necklace.
Надѣнь мнѣ мое ожерелье.

Give me my ear-rings.
Подай мнѣ серьги.

Have you done dressing?
Кончили ли вы вашъ уборъ?

GOING TO BED.

It is time to go to bed.
Пора спать ложиться.

I do not like sitting up late.
Я не люблю вечеромъ долго сидѣть.

I am sleepy.
Мнѣ хочется спать.

Is my bed made?
Послана ли моя постель?

Warm the bed.
Нагрѣй постель.

Undress yourself!
Раздѣньтесь!

Pull off your coat.
Снимите ваше платье.

Pull off your shoes and stockings.
Снимите башмаки и чулки.

Help me to get out of my coat.

Tell the servant to undress the children.

Помоги мнѣ спять платье.
Are you well covered up?
Хорошо ли вы покрыли себя?
Put out the light.
Погаси свѣчу.

Скажи служанкѣ, чтобъ она раздѣла дѣтей.
I shall cover myself up warmer.
Я получше покроюсь.
I shall not neglect it.
Слушаю.

THE HUMAN RACE.

The soul is immortal.
Душа безсмертна.
His brother has a strong constitution.
Его братъ крѣпкаго сложенія.
He is the first of honest men.
Онъ самый честный человѣкъ.
He lords it.
Онъ боярится.

He is a man of genius.
Это умный человѣкъ.
He is a man of the old stamp.
Онъ человѣкъ рѣдкой честности.
He is a good-natured man.
Это добросердечный человѣкъ.
He has a stately gait.
Онъ гордится.

He is a poor wretch.
Онъ бѣднякъ.
What a serious and sedate air.
Какой степенный и важный человѣкъ.
He is a perfect scholar.
Онъ преученый человѣкъ.
He is a jovial companion.
Онъ весельчакъ.
He is a silly man.
Онъ очень простъ.
It is very low with him.
Онъ разорился.
A man not to be depended upon.
Ненадежный человѣкъ.
He is a confounded liar.
Онъ лжетъ безстыдно.
She is a perfect, brilliant beauty.
Это блистательная красавица.

He is in easy circumstances.
Онъ достаточенъ.
What a cold countenance.
Какой холодный, нечувствительный человѣкъ.
He is exceedingly witty.
Онъ чрезмѣрно остроуменъ.
He is a wrong-headed man.
Онъ кривотолкъ.
He is a very studied rascal.
Онъ превеликій плутъ.
He is a sharper.
Онъ мошенникъ.
What a sad grumbler.
Экой брюзга.
He is a drunkard.
Онъ пьяница.
She carries herself like a queen.
У пея благородный станъ.

She has an engaging air.
У нея пленяющій видъ.

She has a fair set of teeth.
У нея прекрасныя зубы.

She draws all hearts to her.
Она пленяетъ сердце всѣхъ людей.

She is now prettier than she ever was.
Она прекраснѣе, нежели когда либо.

She is near sighted.
У нея мутныя глаза.

She paints an inch thick.
Она слишкомъ румянится.

She has a bad character.
Она женщина злобнаго нрава.

The forehead.
Лобъ.

She is well-shaped.
Она хорошо сложена.

She has a dimple in each cheek.
У нея ямочки на щекахъ.

Is she fair or dark?
Бѣлокура ли она, или брюнетка.

She is rather corpulent.
Она очень толста.

Her face is pock-marked.
Ея лицо изрыто оспою.

She affects the air of a prude.
Она слишкомъ жеманится.

She is melancholy.
Она весьма печальна.

The eyes.
Глаза.

The mouth.	The lips.
Ротъ.	Губы.
Wrinkles.	The palate.
Морщины.	Небо.
The flesh.	The beard.
Тѣло.	Борода.
The whiskers.	The mustache.
Бакенбарды.	Усы.
The neck.	The throat.
Шея.	Горло.
The back.	The arms.
Спина.	Руки.
The shoulders.	The knee.
Плечи.	Колѣно.
The nails.	The fist.
Ногти.	Кулакъ.
The toes.	The stomach.
Пальцы на ногахъ.	Желудокъ.
The five senses.	Feeling, touch.
Пять чувствъ.	Ощущеніе, озязаніе.
The sight.	Hearing.
Зрѣніе.	Слухъ.

Smelling.	The taste.
Обоняніе.	Вкусъ.
The spirit.	Reason.
Духъ.	Разумъ, умъ.
Thought.	Judgment.
Мысль.	Разсудокъ.
Will.	Imagination.
Воля.	Воображеніе.
Temper.	To laugh.
Темпераментъ.	Смѣяться.
To weep.	To whistle.
Плакать.	Свистѣть.

HEALTH.

Good day, Sir.	How do you do, Sir?
Здравствуйте!	Какъ вы поживаете?
I hope, I see you well?	I am well, I thank you.
Все ли вы здоровы?	Покорно благодарю, я здоровъ.
Perfectly well.	How is your father, Sir?
Я въ наилучшемъ здоровьѣ.	Здоровъ ли вашъ батюшка?

So so, middling.
По маленьку.

Rather poorly.
Не такъ то здоровъ.

And your mother?
А ваша матушка?

She must keep her bed.
Она въ постелѣ.

She is in low spirits.
Она не въ духѣ.

I sincerely regret it.
Крайне сожалѣю.

She is obliged to keep her room.
Она не выходитъ изъ комнаты.

I am very sorry to hear it.
Это мнѣ очень прискорбно.

What ails you, Sir?
Что съ вами?

Is anything the matter with you?
Не больны ли вы?

You look rather poorly.
Вы очень блѣдны.

My eyes are inflamed.
У меня глаза воспалены.

He is half dead.
Онъ полумертвъ.

He is worse.
Ему стало хуже.

It is all over with him.
Онъ пропалъ.

Do not fear, he will soon recover his health.
Не бойтесь, онъ поправится.

His wounds are healing.
Раны его заживаютъ.

Are all your family well?
Все ли ваше семейство здорово?

Thank God, they are all well.	How is little Tom?
Слава Богу, всѣ въ добромъ здоровьѣ.	Какъ поживаетъ нашъ маленькій Ѳома?
He has had the measles.	He feels a great deal better to day.
У него была корь.	Ему гораздо лучше сего дня.
Is your lady in good health?	The physician has cured her.
Здорова ли ваша супруга?	Лекарь лечилъ ее.
She has got a cold.	She coughs the whole night.
Она простудилась.	Она всю ночь кашляетъ.
How is your good old grandfather?	His health is but delicate.
Какъ поживаетъ вашъ добрый дѣдушка?	Его здоровье очень слабо.
His strength begins to fail him.	He has been rather gouty of late.
Силы его уменьшаются.	Онъ одержимъ подагрою.
I wish you a speedy recovery.	Good bye, Sir.
Я желаю вамъ скораго выздоровленія.	Прощайте!

Patient.	Medicine.
Больный.	Лекарство.
Prescription.	A chemist.
Рецептъ.	Аптекарь.
Diet.	Lint.
Діэта.	Корпія.
A cold.	Cough.
Простуда.	Кашель.
Palpitation of the heart.	A fever.
Біеніе сердца.	Лихорадка.
Gout.	Dysentery.
Подагра.	Кровавый поносъ.
Consumption.	Apoplexy.
Сухотка.	Параличь.
Cramp.	Swoon.
Судорга.	Обморокъ.
Plague.	A corn.
Чума.	Мозоль.
A wart.	To bleed.
Бородавка.	Пускать кровь.

BREAKFAST.

Is breakfast ready?	Breakfast is on the table.
Готовъ ли завтракъ?	Завтракъ поданъ.

Have you breakfasted, Sir? Not yet.
Завтракали ли вы уже? Нѣтъ еще.

Pray, do me the honor to come and take a cup of tea with me.
With pleasure.
Сдѣлайте мнѣ честь выпить со мною чашку чаю.
Съ удовольствіемъ.

I am thirsty
I am very hungry.
Мнѣ пить хочется.
Я очень голоденъ.

I have a good appetite.
You come in the nick of time.
У меня хорошій апетитъ.
Вы пришли очень кстати.

What shall I offer you?
Do you prefer coffee or tea?
Что могу я вамъ предложить?
Что прикажете, кофе или чаю?

I should thank you for a cup of tea.
I will make the tea.
Пожалуйте мнѣ чашку чаю.
Я сдѣлаю чай.

Bring the tea-pot, the urn and the canister.
Принеси мнѣ самоваръ, **чайникъ и чайницу.**

The water boils already.
Вода кипитъ.

Pour out the tea.
Разливайте чай.

The tea is very weak.
Чай очень слабъ.

I like strong tea
Я люблю крѣпкій чай.

Is this green tea?
Это зеленый чай?

No, it is black tea.
Нѣтъ, это черный чай.

Your tea is getting cold.
Вашъ чай простываетъ.

I prefer coffee.
Я предпочитаю кофе.

Is this strong enough?
Довольно ли онъ крѣпокъ?

It is excellent.
Кофе превосходный.

It is genuine mocha.
Это настоящій мокскій кофе.

Is it sweet enough?
Довольно ли сладокъ?

Take some sugar.
Возьмите сахару.

Cut some more slices of bread.
Нарѣжьте еще хлѣба.

Give me some bread and **butter.**
Пожалуйте мнѣ хлѣба съ масломъ.

You have excellent fresh butter.
У васъ превосходное свѣжее масло.

Help yourself.
Возьмите.

I shall ask you for oysters, if you please.
Пожалуйте мнѣ устрицъ.

May I help you to some more?
Не угодно ли вамъ еще не много.

DINNER.

Lay the cloth.
Накрой столъ.

Place the chairs round the table.
Поставь стулья вокругъ стола.

Pray be seated.
Сдѣлайте милость, садитесь.

I will thank you for a little.
Пожалуйте мнѣ не много.

Let us have napkins.
Подай салфетокъ.

A cover is wanting here.
Здѣсь не достаетъ прибора.

Will you take some soup?
Не угодно ли вамъ не много супу?

I will carve this beef.
Я разрѣжу эту говядину.

Do you like beef? | I shall thank you for a little slice.
Не угодно ли вамъ говядины? | Дайте мнѣ кусочекъ.

May I give you a little fat? | A little lean if you please.
Хотите ли жирный кусокъ? | Дайте мнѣ не такъ жирный кусокъ.

A little of each. | This beef is excellent.
Не много того и другаго. | Это отличная говядина.

It is very tender. | This roast beef is overdone.
Она очень мягка. | Это жаркое пережарено.

May I trouble you for a little gravy? | This gravy is too highly seasoned.
Пожалуйте мнѣ не много соуса. | Въ этомъ соусѣ слишкомъ много приправъ.

Take some vegetables. | Yes, I like it very much.
Возьмите зелени. | Да, я очень люблю ее.

I am much afraid of the bones. | Then take a piece of eel.
Я слишкомъ боюсь костей. | Возьмите кусочекъ угря.

You drink nothing.
Вы не пьете.

I will keep to **Sherry**.
Я пью Хересъ.

Pray, taste this Burgundy.
Отвѣдайте прошу васъ, этого Бурбонскаго.

How do you find it?
Какъ вы его находите?

This wine is excellent.
Вино это превосходно.

You do not fill your glass.
Вы не наполняете вашего стакана.

Ladies, your health.
Ваше здоровье, сударыни.

You do me much honor, Sir.
Вы мнѣ дѣлаете много чести.

John, change the plates.
Иванъ перемѣни тарелки.

Serve up the dessert.
Подай десертъ.

This pear is of a choice species.
Вотъ груши прекраснаго вкуса.

Will you **not** take some of this pastry, **or of these** sweetmeats?
Не возьмете ли пирожнаго и конфектовъ.

No, I thank you; I can eat no more.
Покорнѣйше благодарю, мнѣ не возможно болѣе кушать.

You are a poor eater.
Вы очень худой ѣдокъ.

You do not eat anything.
Вы ничего не кушаете.

I beg your pardon, I have eaten a great deal.
Извините, я много ѣлъ.

Well then, let us rise from dinner.
Ну, господа, встанемъ-те изъ за стола.

Clear the table.
Уберите со стола.

SUPPER.

Will you take your supper with us?
Не угодно ли вамъ отужинать съ нами?

With all my heart, if you do not stand upon ceremonies.
Очень охотно, если вы не будете церемониться.

I shall not.
Вовсе не буду.

Do not make any particular preparations for me.
Сдѣлайте намъ честь съ нами отужинать.

Bread and cheese will do.
Хлѣбъ съ сыромъ достаточны.

Prepare the salad.
Приготовьте салатъ.

Here is the salad-dish.
Вотъ салатникъ.

Get it well seasoned.
Приправте его хорошо.

It is not well cleaned.
Онъ не хорошо вымытъ.

There is no salt in it.
Въ немъ нѣтъ соли.

Bring wine-glasses and tumblers.
Принеси рюмки и стаканы.

The candles burn dimly.
Свѣчи худо свѣтятъ.

It is time to go.
Время разойтись.

Permit me to accompany you to the door.
Позвольте васъ проводить до дверей.

Well, then, I wish you safe home.
Прощайте, будьте здоровы.

Have you put salt to it?
Посолили ли вы его?

There is but little pepper in it.
Въ немъ мало перцу.

I like your small beer better.
Я предпочитаю ваше легкое пиво.

Snuff the candle.
Снимите со свѣчи.

No, I must go home.
Нѣтъ, я долженъ возвратиться домой.

Give me leave to light you.
Позвольте мнѣ посвѣтить вамъ.

Farewell, until we meet again.
До свиданія.

The cloth.	A napkin.
Скатерть.	Салфетка.
A knife.	A fork.
Ножикъ.	Вилка.
A spoon.	The sugar-basin.
Ложка.	Сахарница.
Brown bread.	The crumb.
Черный хлѣбъ.	Мякишь.
The crust.	Home-baked bread.
Корка.	Домашній хлѣбъ.
Dry bread.	Cabbage-soup.
Черствый хлѣбъ.	Щи.
Smoked beef.	Salt meat, salt pork.
Копченая говядина.	Солонина.
Beef's tongue.	Cutlets.
Языкъ.	Котлеты.
Mutton-chops.	Pork.
Бараньи котлеты.	Свинина.
Mutton.	Omelet.
Баранина.	Яичница.
Pancake.	Potatoes.
Блины.	Картофель.

Beans.	Onions.
Бобы.	Лукъ.
Cabbage.	Radishes.
Капуста.	Рѣдьки.
Spinage.	Cauliflower.
Шпинатъ.	Цвѣтная капуста.
Sour-krout.	Rice.
Кислая капуста.	Сарачинское пшено.
Buckwheat.	Vermicelli.
Гречиха.	Лапша.
Flour.	Horse-radish.
Мука.	Хрѣнъ.
Artichokes.	Parsley.
Артишоки.	Петрушка.
Garlic.	Lemons.
Чеснокъ.	Лимоны.
Olives.	Cherries.
Маслины.	Вишни.
Melons.	Figs.
Дыни.	Винныя ягоды.
Prunes.	Chesnuts.
Черносливы.	Каштаны.
Almonds.	Oranges
Миндаль.	Апельсины.

Cake.	Biscuit.
Пирогъ.	Сухари.
Brandy.	Claret.
Водка.	Бордонское вино.
Hungary wine.	Cocoa.
Венгерское вино.	Какао.

THE HOUSE.

Are you the **porter** of this house?	Can you show it me?
Ты ли дворникъ этого дома?	Можешь ли мнѣ показать его?
I like this entrance very much.	Have you many inmates?
Входъ мнѣ очень нравится.	Много **ли** у васъ жильцевъ.
The ground floor and the second story are let.	That wicket there **leads** to the bath.
Нижній и второй этажъ заняты.	Эта маленькая дверь ведетъ въ купальню.

Where are the stables and coach-houses?
Где конюшни и сараи?

Here at the bottom of the first yard.
Здѣсь на концѣ этого двора.

Let us see the furniture.
Посмотримъ мебель.

It is very rich but old-fashioned.
Она весьма богата, но старомодна.

Is there a well in the yard?
Нѣтъ ли колодезя на дворѣ?

Yes, Sir, the water is very good.
Есть, сударь, вода въ немъ очень хороша.

Well, the bargain is concluded.
Хорошо, то мы согласны.

When do you mean to take possession of your lodgings?
Когда вы думаете перебраться въ ваше жилье.

I will come to-morrow morning.
Я прійду завтра по утру.

Every thing will be ready.
Все будетъ готово.

The main building.
Главное строеніе.

The back part.
Заднее строеніе.

The gateway.
Въѣздъ.

The street door.
Входъ.

The lock.	The key.
Замокъ.	Ключь.
A bolt.	The bell.
Задвижка.	Звонокъ.
The hall, saloon.	Closet.
Зала.	Чуланъ.
The stove.	The wash house.
Печка.	Прачечная.
A balcony.	The shutters.
Балконъ.	Ставни.
A looking glass.	A cushion.
Зеркало.	Подушки.
A candlestick.	A basket.
Подсвѣчники.	Корзина.
A carpet.	Curtains.
Коверъ.	Занавѣски.
A broom.	A pot.
Вѣникъ.	Горшекъ.
A bucket.	A pitcher.
Ведро.	Кружка.
Coals.	Ashes.
Уголь.	Зола.

A VISIT.

Come in! \
Войдите!

Pray be seated, Sir; here is a chair, sit down. \
Сделайте одолженіе, садитесь, вотъ стулъ.

I thank you, I am not tired. \
Покорнѣйше благодарю, я не усталъ.

We have not seen you at home for a long time. \
Ужъ сколько лѣтъ васъ не видно.

Permit me to present you Mr. N. \
Имѣю честь представить вамъ господина Н.

He is an old friend of mine. \
Мы съ нимъ старые знакомые.

How long have you been in this country? \
Давно ли вы въ здѣшнемъ краю?

Do you intend to make any stay with us? \
Долго ли вы намѣрены пробыть здѣсь?

What news is there? What is the news of the day? \
Что новаго? что нынѣ разсказываютъ.

What do they speak of in town? \
Что говорятъ въ городѣ?

War is spoken of. \
Говорятъ о войнѣ.

He was turned out of his place. \
Его уволили отъ службы.

I am very sensible to your kind attention.

Благодарю васъ за вниманіе.

Good bye, Sir. I give you my respects.

Прощайте, мое почтеніе.

THE GARDEN

Let us take a turn in the garden.

Пойдемъ прогуляться по саду.

Your gardener is praise-worthy.

Вашъ садовникъ достохваленъ.

They are beautiful.

Они чудесны.

How do you call these flowers?

Какъ назовете вы эти цвѣты?

Your garden is in the best order.

Вашъ садъ въ наилучшемъ порядкѣ.

Come and see these flowers.

Посмотрите на эти цвѣты.

The roses are already in blossom.

Розы ужъ цвѣтутъ.

This is a pink, the other is a ranunculus.

Вотъ это гвоздика, а другой ранункулъ.

My sister is making a wreath for herself.
Моя сестра плететъ себѣ вѣнки.

Who has picked this rose?
Кто сорвалъ сію розу.

How thick the plums hang.
Какое множество сливъ.

Let us go and look at the vegetables.
Пойдемъ осмотримъ овощи.

Let us sit down on the greensward.
Сядемъ на траву (дернъ).

This plant takes root.
Это растѣніе пускаетъ коренья.

The shell.
Шелуха.

How sweet this little flower smells.
Какъ мило пахнетъ сей цвѣточекъ.

Where is your nursery?
Гдѣ вашъ фруктовый садъ?

The grapes of this country have renown.
Виноградъ въ этой земли славенъ.

What a number of cabbages.
Какое множество капусты.

The grass is closely cut.
Трава коротко отрѣзана.

There is a fine alley of poplars.
Вотъ прекрасная тополевая аллея.

A vine-branch.
Виноградная лоза.

The oak. / Дубъ.
The beech. / Букъ.
The willow. / Ива.
The weeping-willow. / Вавилонская верба.
The cedar. / Кедръ.
The palm. / Пальмовое дерево.
The laurel. / Лавровое дерево.
The lemon-tree. / Лимонное дерево.
A water-melon. / Арбузъ.
A cherry. / Вишня.
The cherry-tree. / Вишневое дерево.
The chestnut-tree. / Каштановое дерево.
A fig-tree. / Смоковница.
An olive-tree. / Маслина.
A rose-tree. / Розовый кустъ.
A pomegranate. / Гранатное яблоко.
Poisonous plants. / Ядовитыя растѣнія.
Hops. / Хмѣль.
Flax. / Ленъ.
Peony. / Піонія.
Mignonette. / Резеда.
Sun-flower. / Подсолнечникъ.
Crown imperial. / Царскій вѣнецъ.
Rosemary. / Росмаринъ.

THE COUNTRY.

I shall set out to-morrow for the country.

Я ѣду завтра въ деревню.

The village lies in the midst of the wood.

Деревня лежитъ среди лѣса.

There is a fine mansion.

Вотъ прекрасный барскій домъ.

Let us go towards the river.

Пойдемъ къ рѣкѣ.

How pure and beneficial the country air is.

Какъ чистъ и благотворенъ сельскій воздухъ.

Are you skilled in husbandry?

Знаете ли вы сельское хозяйство.

I have hired a summer-lodging.

Я нанялъ лѣтнюю квартиру.

I like mountain scenery.

Я очень люблю гористыя страны.

Shall we cross this field?

Перейдемъ ли чрезъ это поле?

The banks of the river are delightful.

Берега рѣки прелестны.

I hope the change of air will entirely re-establish my health.

Надѣюсь что перемѣна воздуха возстановитъ мое здоровье.

A little.

Не много.

Every thing on this estate yields a plentiful crop.
Это помѣстье даетъ полный доходъ.

'Tis a very pleasant walk.
Эта прогулка весьма пріятна.

A plain.
Равнина.

A bush.
Кустарникъ.

A chain of mountains.
Хребетъ горъ.

The top.
Вершина горы.

A vine-yard.
Виноградный садъ.

A village.
Деревня.

A sheep-cot.
Овчарня.

A village inn.
Кабакъ.

The avenues of this park are magnificent.
Аллеи этаго парка прелестны.

A vale, valley.
Долина.

A forest.
Роща.

A mountain.
Гора.

A rock.
Скала.

A desert.
Пустыня.

A lake.
Озеро.

A cottage.
Хижина.

A mill.
Мѣльница.

A flock of sheep.
Стадо овецъ.

A herd of cattle.
Стадо быковъ.

A drover.
Скотоводъ.

Agriculture.
Земледѣліе.

An acre.
Десятина земли.

A bee-hive.
Улей.

Honey.
Медъ.

Wax.
Воскъ.

A driving-way.
Проѣзжая дорога.

The cattle feed on that meadow.
Скотина пасется на этомъ лугу.

He was attacked by a wild beast, by a beast of prey.
На него напалъ хищный звѣрь.

A great many birds perched upon that tree.
Множество птицъ сѣло на сіе дерево.

The birds have pecked at that fruit.
Птицы поклевали эти плоды.

The bird is moulting.
Птица линяетъ.

The eagle is a bird of prey.
Орелъ есть хищная птица.

The sparrows begin to build.
Воробьи начинаютъ вить гнѣзда.

See that flight of starlings which is passing there.
Посмотрите-ка, тамъ летитъ стая скворцевъ.

It is an amphibious animal.
Это земноводное животное.

The dog barks.
Собака лаетъ.

The horse neighs.
Лошадь ржетъ.

The bear grumbles.
Медведь ворчитъ.

The cat mews.
Кошка мяучитъ.

The raven croaks.
Воронъ гаркаетъ.

The cock crows.
Пѣтухъ поетъ.

The geese cackle.
Гуси крякаютъ.

The pullets peep.
Циплята пищатъ.

The serpent hisses.
Змѣя шипитъ.

Do you hear the buzzing of the beetles?
Слышите ли жужжаніе жуковъ.

The sheep bleat.
Овцы блеятъ.

The wolf howls.
Волкъ воетъ.

The lion roars.
Левъ реветъ.

The eagle cries.
Орелъ кричитъ.

The frogs croak.
Лягушки квакаютъ.

The doves coo.
Голуби воркуютъ.

The sparrow chirps.
Воробей чирикаетъ.

The mouse whistles.
Мышь пищитъ

The bees buzz.
Пчелы жужжатъ.

TRAVELING.

When do you mean to set out?

Когда вы думаете ѣхать?

Is it a journey for pleasure?

Для увеселенія дѣлаете ли вы эту поѣздку.

I hope you will be back shortly.

Надѣюсь что вы скоро будете назадъ.

As soon as I shall have dispatched my business.

Лишь только управлюсь съ своими дѣлами.

How many days are required to come to …?

Сколько дней надобно, чтобы пріѣхать въ —?

I shall start for Paris to-morrow.

Я ѣду завтра въ Парижъ.

No Sir, some important business calls me there.

Нѣтъ сударь, я ѣду туда по важнымъ дѣламъ.

How soon will you come back?

Когда вы думаете возвратиться?

How far is it from here to N.?

Сколько верстъ отсюда до Н.?

I will travel by post.

Я ѣду почтою.

Are there any rivers to be crossed?

Надобно ли переправляться чрезъ рѣки.

The roads are but--indifferent.

Дороги не очень хороши.

Are there any mountains to pass?

Нужно ли проѣзжать чрезъ горы?

They are tolerable.

Они порядочны.

Send some one for my baggage.

Пришлите мнѣ человѣка чтобъ онъ снесъ мои вещи.

Is the trunk well fastened?

Крѣпко ли привязанъ чемоданъ?

Are there any good inns on the road?

Есть ли на этомъ трактѣ хорошія гостинницы?

They are impassable in winter.

Зимою онѣ непроходимы.

The country is quite flat.

Страна совсѣмъ плоска.

What is the fare?

Сколько надобно платить за мѣсто.

Have you put my luggage up?

Уложили ли вы мои вещи?

Yes, the cords are very tight.

Да, веревки очень притянуты.

Well then, good-bye, gentlemen.

Господа, желаю вамъ счастливаго пути.

Are you comfortable in your seat?

Удобно ли вы сидите?

Do you object to smoking?

Не безпокоитъ ли васъ табачный дымъ?

Not in the least. I am perfectly at my ease.

Ни мало. Я хорошо сижу.

I'll be very glad of enjoying your company.

Ваше общество для меня будетъ весьма пріятно.

Several times.

Нѣсколько разъ.

Drive on (all right), postboy!

Ямщикъ пошелъ (ступай)!

Would you allow me to stretch my legs a little.

Позвольте мнѣ протянуть не много ноги.

Is this parcel in your way?

Не безпокоитъ ли васъ эта связка.

You do not in the least inconvenience me.

Вы меня ни мало не безпокоите.

Have you ever been over this part of the country?

Объѣзжали ли вы уже сію страну.

I know the road perfectly.

Я совершенно знаю этотъ трактъ.

What do they call the hamlet on that hill?

Какъ называется деревня на томъ пригоркѣ?

Where do we stop for dinner, supper?

Гдѣ мы остановимся обѣдать, ужинать?

About half a mile.

Около полумили.

How far have we gone already?

Сколько мы проѣхали?

What a fine landscape!

Какой прекрасный видъ.

I will let the window down.

Я опущу окно.

The postboy drives fast.

Ямщикъ ѣдетъ проворно.

Where shall we spend the first night?

Гдѣ мы проведемъ первую ночь?

Is it far to the next stage?

Далеко ли еще до станціи.

Do they change horses there?

Перемѣняютъ ли тамъ лошадей?

We have already travelled two stages.

Мы уже проѣхали двѣ станціи.

The dust is very annoying.

Пыль очень непріятна.

What are we stopping for?

Зачѣмъ же мы остановились?

We are sticking in a hole.

Мы увязли въ грязи.

Riding in a coach fatigues me excessively.

Я ужасно усталъ отъ дороги.

The coach will be off again in a minute.

Дилижансъ сейчасъ же отправится.

We will try and take a nap.

Попробуемъ заснуть.

Wake up, gentlemen! rouse up! we are at B.

Проснитесь господа, вотъ и доѣхали.

Get the carriage ready directly.

Вели тотъ часъ снять поклажу съ кареты.

We have been jolted in this coach.

Эта коляска насъ очень трясла.

Let us step in again.

Сядемъ опять въ коляску.

Awake us when any thing remarkable occurs.

Разбуди насъ коль скоро увидишь нѣчто замѣчательнаго.

Do we alight here?

Выйдемъ ли мы здѣсь?

Can I take my luggage with me?

Могу ли взять мои вещи со мною?

THE SCHOOL.

To what school do you go? I go to the Grammar School.
Въ какомъ вы училищѣ? Я въ гимназіи.

It is said to be a very good school.
Сказываютъ что это самое лучшее училище.

Who gives the elementary instruction?
Кто учитъ первымъ началамъ?

He is a professor of elocution.
Онъ профессоръ Риторики.

He also professes mathematics.
Онъ учитъ также математикѣ.

He instructs very well.
Онъ учитъ очень хорошо.

He gives a solid instruction.
Онъ учитъ основательно.

His method is excellent.
Его метода превосходна.

He does not know his lesson.
Онъ не знаетъ своего урока.

Why has he not learned it?
Зачѣмъ онъ не выучилъ его.

He is somewhat lazy.
Онъ немножко лѣнивъ.

Do you understand the passage?
Понимаете ли вы это мѣсто.

Read it again.
Читайте его снова.

I cannot find the word in the dictionary.
Я не могу найти этого слова въ словарѣ.

Can you apply the rules?
Можете ли вы приложить правила?

I do not understand them.
Я ихъ не понимаю.

Shall I explain them to you?
Хотите я вамъ ихъ изъясню.

There are several mistakes in your exercise.
Въ этой задачѣ есть различныя ошибки.

Be so kind as to correct them.
Сдѣлайте милость, исправьте ихъ.

The teacher has given me much to do.
Учитель мнѣ много задалъ.

Say your lesson.
Сказывай свой урокъ.

What are you reading?
Что читаете вы?

I read the newspaper.
Я читаю газеты.

Read this letter to me.
Прочитайте мнѣ это письмо.

Read low, aloud.
Читайте тихо, громко.

Try to decipher the letters.
Смотрите не можете ли вы его разобрать.

I only turned over the leaves.
Я оное только перелистывалъ.

You are always reading.
Вы все читаете.

Read a little slower.
Читайте по тише.

Spell this word.
Складывайте это слово.

Have you read this book?
Читали ли вы это сочиненіе.

I have read the book through.
Я прочиталъ все это сочиненіе.

You are always poring over your books.
Вы все сидите надъ книгами.

WRITING.

Can you lend me a sheet of paper?
Можете ли вы одолжить мнѣ листокъ бумаги.

What sort of paper do you want?
Какой угодно вамъ бумаги?

Some post-paper.
Почтовой бумаги.

Whom do you write to?
Къ кому пишете вы?

I wrote it in great haste.
Я наскоро написалъ.

I will write it at leisure.
Я напишу его на свободѣ.

You must hold it so.
Держите его вотъ такъ.

I like steel pens better.
Я лучше люблю стальныя перья.

Erase this word.
Вычеркните это слово.

I have a letter to write.
Мнѣ надобно писать письмо.

I am answering the letter of my father.
Я отвѣчаю на письмо батюшки.

Write this properly.
Напишите это какъ слѣдуетъ.

Hold your pen well.
Держите хорошенько ваше перо.

You do not write straight.
Вы пишете не прямо.

This paper blots.
Эта бумага протекаетъ.

This word is not correctly spelled.
Это слово писано не исправно.

Here you have made a mistake.
Вы ошиблись.

You have not yet signed it.
Вы его еще не подписали.

Did you take a copy of it?
Сняли ли вы съ него списокъ.

Are there any letters for me?
Нѣтъ ли писемъ ко мнѣ?

Writing materials.
Потребности письма.

A ream.
Стопа бумаги.

The seal.
Печать.

A ruler.
Линейка.

A note.
Записка.

I have finished my letter.
Я кончилъ мое письмо.

Seal this letter.
Запечатайте это письмо.

You must pay the postage.
Вы за него заплатите.

A letter to be left till called for.
Письмо оставляемое на почтѣ до присылки.

A writing book.
Тетрадь.

A cover.
Конвертъ.

A pencil.
Карандашъ.

A pen-knife.
Перочинный ножикъ.

A love letter.
Любовное письмо.

A memorial.
Записка.

The signature.
Подпись.

A postscript.
Постскриптъ.

A line.
Строчка.

Caligraphy.
Чистописаніе.

To have **fair**, a round hand.
Имѣть хорошій почеркъ.

A margin.
Поле.

A copy.
Пропись.

THE BOOKSELLER.

What is there new in literature?
Что новаго въ литературѣ?

I wish **to** purchase some books.
Я желалъ бы купить книгъ.

Have the **kindness to** mark the books **which** suit you.
Замѣтьте книги которыя вамъ понравятся.

Here are the works you request.
Вотъ сочиненія которыя вы требуете.

I should **wish** to have a copy of—.
Пожалуйте мнѣ экземпляръ—.

What **sort of** binding do you wish?
Какой переплетъ вамъ угоденъ?

Have you got the memoirs of B.?
Имѣете ли вы записки Б—а?

Book trade.
Книжная торговля.

The stationer.
Торгующій бумагою.

The printer.
Типографчикъ.

A counterfeit.
Перепечатываніе.

The censure.
Цензура.

The translation.
Переводъ.

The cover.
Обвертка.

Writing paper.
Писчая бумага.

A pamphlet.
Брошюра.

The characters.
Литеры.

Don't they think of re-printing them?
Не будутъ ли опое вновь печатать.

The publisher.
Издатель.

The book-binder.
Переплетчикъ.

The author.
Сочинитель.

A stereotype edition.
Изданіе стереотипное.

Manuscript.
Рукопись.

The title-page.
Заглавный листъ.

Printing paper.
Типографская бумага.

Parchment.
Пергаментъ.

Morocco.
Сафьянъ.

A tract.
Маленькое сочиненіе.

COMMERCE.

I have bought a hat.
Я купилъ себѣ шляпу.
I bought it in this shop.
Я ее купилъ въ этой лавкѣ.
How much did it cost you?
Что вамъ это стоитъ?
That is not dear.
Это не дорого.
I have made a good bargain.
Я сдѣлалъ хорошую покупку.
He must sell at a loss.
Онъ долженъ продать съ убыткомъ.
At what price does he sell it?
Какъ дорого онъ это продаетъ?
You paid too much for it.
Вы это слишкомъ дорого заплатили.

Where did you buy?
Гдѣ вы ее купили?
This shop has many customers.
Въ этой лавкѣ много покупателей.
What did you pay for it?
Сколько вы заплотили?
It is a moderate price.
Это умѣренная цѣна.
I got it very cheap there.
Я здѣсь сошелся довольно хорошо.
How much did he charge you?
Сколько онъ потребовалъ?
I bought it at two dollars a yard.
Я это купилъ два доллара аршинъ.
That is an exorbitant price.
Это необыкновенно дорого.

This jewel cost him fifty dollars.

Этотъ алмазъ ему стоитъ пятьдесятъ долларовъ.

It is too dear for me.

Это для меня слишкомъ дорого.

He has overcharged you for these goods.

Онъ запросилъ слишкомъ за эти товары.

I bought it upon trust.

Я это купилъ въ долгъ.

I got it for half the price.

Я купилъ это за половину цѣны.

I bought it at first hand.

Я купилъ это изъ первой руки.

I bought it at a public sale.

Я купилъ это съ публичнаго торга.

He buys things at the wholesale price.

Онъ покупаетъ съ гуртовой продажи.

I paid dear for that favor.

Я дорого заплатилъ за эту милость.

He sells for ready money.

Онъ продаетъ на чистыя деньги.

That sells very well.

Это хорошо раскупается.

The goods met a rapid sale.

Эти товары имѣли быстрый расходъ.

He has splendid shawls exposed for sale.
Онъ выставилъ прекрасныя шали въ продажу.

They are selling off.
Они продаютъ на расплату.

He has received a fresh supply.
Они получили новый привозъ товаровъ.

Will you deal with me?
Окончимъ ли мы это дѣло?

How much do you charge for that?
Что просите вы за это?

How much do you ask for it?
Сколько нужно мнѣ вамъ за это заплатить.

It is a set price.
Это рѣшительная цѣна.

I sell it under the regular price.
Я это продаю за безцѣнокъ.

I don't exact.
Я не запрашиваю лишняго.

I cannot give it you for less.
Я не могу вамъ это уступить дешевле.

It bears a high price.
Цѣна этому товару высока.

It will retain its value.
Онъ держится въ цѣнѣ.

It is fluctuating in price.

Цѣны возвышаются, уменьшаются.

He stood higgling for a penny.

Онъ торговался о копейкѣ.

I will pay you in advance.

Я вамъ заплачу впередъ.

Payable by installments.

Платить по срокамъ.

He has discharged his debts.

Онъ уплатилъ свои долги.

I have spent my money.

Я выдалъ деньги.

He paid me with ingratitude.

Онъ заплатилъ мнѣ неблагодарностію.

If you will let me have it for a dollar.

Если бы вы уступили мнѣ за долларъ.

He has cheapened this cloth, this horse.

Онъ торговалъ это сукно, сію лошадь.

To pay down.

Платить наличными деньгами.

He has paid a bill.

Онъ уплатилъ по счету.

He is quit with me.

Онъ расквитался со мною.

I will pay myself.

Я самъ себѣ заплочу.

He shall pay for his folly.

Онъ дорого плотитъ за свою глупость.

It cost me much time.
Это стоило мнѣ много времени.

He pays me with fine speeches.
Онъ отдѣлывается ласковыми словами.

At any cost.
Во что бы то ни стало.

To my cost.
На мой счетъ.

He owes me ten dollars.
Онъ долженъ мнѣ десять долларовъ.

He is in debt to me.
Онъ мой должникъ.

It is the duty of my office.
Это моя должность.

I have some to spare.
У меня есть лишнее.

He is too saving.
Онъ слишкомъ бережливъ.

How much trouble it costs him.
Сколько ему это стонтъ.

He pays dear for it.
Это стоитъ ему большихъ денегъ.

That is too expensive.
Это очень убыточно.

He owes every body.
Онъ всякому долженъ.

So much is still owing.
Вы должны еще столько-то.

I owe him nothing.
Я ему ничего не долженъ.

He lives from his savings.
Онъ живетъ сбереженіемъ.

I save very much by that.
Это для меня большое сбереженіе.

Save something for a rainy day.
Береги денежку на черный день.

He lends money at interest. The percentage is very high.
Онъ даетъ деньги въ ростъ. Ростъ очень высокъ.

Can you advance me this sum. Give me your single bond.
Можете ли вы дать мнѣ сію сумму впередъ. Дайте мнѣ только росписку.

I borrow of a friend. He is always borrowing.
Я занимаю у моего друга. Онъ безпрестанно занимаетъ.

He is my security. I give my word for him.
Онъ порукою за меня. Я отвѣчаю за него.

He is good security. Do you guarantee it?
Это надежная порука. Отвѣчаете ли вы за это.

I warrant it good. He must find bail.
Я вамъ ручаюсь. Онъ долженъ имѣть поруку.

PHRASES IN COMMON USE.

Who is there? It is I.
Кто тамъ? Это я.

Is it really you?
Правда ли, что это вы?

It is he.
Это онъ.

Here I am.
Вотъ я.

There she is.
Вотъ она.

How many are there of you?
Сколько васъ?

There were twenty of us.
Насъ было двадцать человѣкъ.

I am well here.
Мнѣ здѣсь хорошо.

It is good being here.
Здѣсь хорошо, весело.

Are these your horses?
Это ли ваши лошади.

Yes, they are.
Да, лошади мои.

What day is this?
Какой у насъ сегодня день?

It is Thursday.
Сегодня Четвертокъ.

Who are they?
Кто онѣ таковы?

What is that?
Что это такое?

That is true.
Это правда.

You are right.
Вы правы.

Once for all.
Одинъ разъ на всегда.

Is that all?
Это все.

It is not probable.
Это не вѣроятно.

I will have it so.
Я хочу чтобъ это было такъ.

It is absolutely necessary.
Это необходимо.
It is not amiss.
Это не дурно.
I am above it.
Я превыше этого.
That is quite as well.
Это столь же хорошо.
That is a different thing.
Это другое дѣло.
I am here these three days.
Я здѣсь три дня.
There will be enough for me.
Этого для меня будетъ довольно.
There is room enough for two.
Здѣсь довольно мѣста для двухъ.
There were great festivities.
Тамъ были большія увеселенія.

It is not necessary.
Это не нужно.
It is all the same to me.
Мнѣ все равно.
It is best so.
Это лучше всего.
Every day is not Sunday.
Не всякій день праздникъ.
Is it long since
Давно ли?
There is no such thing.
Тамъ этого нѣтъ.
There is nothing for you.
Здѣсь для васъ ничего нѣтъ.
This is the reason why I did it.
Вотъ почему я это сдѣлалъ.
After the concert there was a ball.
Послѣ концерта былъ балъ.

That house is his.
Сей домъ ему принадлежитъ.

He is an honest man.
Онъ честный человѣкъ.

How happy should I be!
Какъ бы я былъ счастливъ!

I have a house of my own.
Я имѣю свой домъ.

It is his own property.
Это его собственное имѣніе.

He has got money.
У него есть деньги.

He used to have many friends.
У него было много друзей.

I am entirely yours.
Я вамъ совершенно преданъ.

Such is man.
Вотъ каковъ свѣтъ.

It is to be presumed.
Можно полагать.

Who owns this house?
Кому принадлежитъ этотъ домъ.

He has an estate.
У него есть помѣстье.

I have not enough money about me.
Со мною не довольно денегъ.

He has neither house nor home.
У него нѣтъ настоящаго жилища.

I have a mind for walking. Мнѣ хочется гулять.

You have a fair opportunity. Вы имѣете удобный случай.

How many horses have you got? Сколько у васъ лошадей?

I have two. У меня ихъ двѣ.

I must speak with you. Мнѣ надобно говорить съ вами.

I have not much time. У меня не много времени.

Every one has his own way. У всякаго свои привычки.

Every body has his peculiar whims. У всякаго свои слабости·

Where are you going? Куда вы идете?

Where are you going so fast? Куда идете вы такъ скоро?

I am going home. Я иду домой.

Where shall we go to? Куда пойдемъ мы?

Which way? Куда?

This way, that way. Сюда, туда.

Go straight along. Ступайте прямо.

Go up stairs. Ступайте вверхъ.

Will you go with us? — I shall go along with you.
Пойдете ли вы съ нами? — Я пойду съ вами.

They go into the country. — We shall go on foot.
Они поѣдутъ въ деревню. — Мы пойдемъ пѣшкомъ.

I shall not go far. — He is going to school.
Я пойду не далеко. — Онъ идетъ въ школу.

We went to the park. — You are out of the right way.
Мы пошли въ паркъ. — Вы сбились съ дороги.

Go your way. — He stood in my way.
Убирайтесь. — Онъ мѣшалъ мнѣ пройти.

Get you gone! — Go there.
Ступайте! — Поди туда.

Will you go there? — He is going there.
Идете ли вы туда. — Онъ идетъ туда.

I shall go there to-day. — I will go there directly.
Я пойду туда сегодня. — Я сейчасъ туда иду.

Do not go there? — Is he gone?
Развѣ вы туда нейдете? — Ушелъ ли онъ?

He is going away. — He has made off.
Онъ уходитъ. — Онъ выбрался отсюда.

It is time to go. — Do you often go there?
Пора уйти. — Часто ли вы тамъ бываете?

They go in troops.
Они идутъ толпою.
What are you going to do?
Что вы будете дѣлать?
I shall go out now.
Я выйду.
He is out.
Онъ вышелъ.
I come from home.
Я иду изъ дома.
On my way home.
Когда я шелъ домой.
Come along.
Ну подите-жъ.
Come here.
Подите сюда.
There he comes.
Вотъ и онъ.
Does he come alone?
Одинъ ли онъ идетъ.
Why do you come so late?
За чѣмъ приходите вы такъ поздно?

What were you going to say?
Что вы хотѣли сказать.
Will you go out to day?
Выйдете ли вы сегодня?
He is just gone out.
Онъ только что вышелъ.
Where do you come from?
Откуда вы идете?
When I came home.
Когда я пришелъ домой.
Come home with me.
Подите ко мнѣ.
He is long in coming.
Онъ долго нейдетъ.
When will he come?
Когда онъ пріидетъ.
I see him come.
Я вижу онъ идетъ.
What did he come about?
За чѣмъ онъ пришелъ?
Has the mail arrived?
Пришла ли почта.

Come back as soon as possible.
Возвращайтесь поскорѣе.

I'll be back in a moment.
Я скоро возвращусь.

Did he come home?
Возвратился ли онъ домой?

I shall dine out to-day.
Я сегодня обѣдаю не дома.

He ran away.
Онъ убѣгаетъ.

Time flies away.
Время летитъ.

It cannot be avoided.
Это не избѣжно.

Follow me.
Слѣдуйте за мною.

I will follow you.
Я слѣдую за вами.

You must come along with me
Вы послѣдуете за мною.

He will soon follow us.
Онъ скоро за нами послѣдуетъ.

Let us follow his example.
Слѣдуемъ его примѣру.

Bring me your book.
Принесите мнѣ вашу книгу.

What news do you bring?
Какія новости имѣете вы.

The bearer of the letter.
Податель письма.

Bring it back.
Отнесите это назадъ.

Fetch a candle.
Принеси свѣчу.

I will go for him instantly.
Я сейчасъ пойду за нимъ.

Send for him.
Пошлите за ним.

Bring me my horse.
Приведите мне лошадь.

I carry it about me.
Я ношу это съ собою.

She is in mourning.
Она носитъ трауръ.

To give a toast.
Пить за здоровье.

He bears friendship for him.
Онъ къ нему имѣетъ дружбу.

Tie up that parcel.
Свяжите этотъ пакетъ.

Tie that knot a little harder.
Стяните узолъ по крѣпче.

Do not throw it away.
Не выбросьте это.

My heart beats.
У меня сердце бьется.

Strike the iron while it is hot.
Куй желѣзо, пока горячо.

The fire broke out in that room.
Въ этой комнатѣ загорѣлось.

Better to bend than break.
Лучше уступить, нежели вредъ получить.

Let me alone.
Оставьте меня въ покоѣ.

Let that alone.
Довольно этого.

I have left it upon my table.
Я оставилъ это на столѣ.

He left word.
Онъ оставилъ приказъ.

I must leave you.
Я долженъ васъ оставить.

I dropped my watch.
Я уронилъ свои часы.

See that every thing is ready.
Чтобы все было готово.

Open the door.
Отворите дверь.

The door is locked.
Дверь заперта.

Did you see him?
Видѣли ли вы его?

See if he is come.
Посмотрите, пришелъ ли онъ.

As you see.
Какъ видите.

I could not get sight of him.
Я не могъ его видѣть.

Look nearer at it.
Взгляните на это по ближе.

He fell from his horse.
Онъ упалъ съ лошади.

It was ready, at hand.
Это было готово, подъ рукою.

Shut the door.
Затворите дверь.

Lock up your money.
Спрячьте ваши деньги.

It is evident.
Это очевидно.

See who is there.
Посмотрите, кто это.

Did you not notice it?
Непримѣтили ли вы это?

That is seen at a distance.
Это издали видно.

Well, we will see.
Ну, посмотримъ.

I foresaw this event.	Look here!
Я предвидѣлъ это событіе.	Смотри.
Look up.	Do you see that lady?
Посмотрите вверхъ.	Видите ли вы эту даму?
What do you think of it?	It appears so to me.
Что вы думаете объ этомъ.	Мнѣ такъ кажется.
He thinks.	If he thinks fit.
Ему кажется.	Ежели онъ за благо разсудитъ.
That appears well to me.	Listen to me.
Мнѣ кажется это хорошо.	Слушайте меня.
He will not hear any thing.	It is a thing unheard of.
Онъ не хочетъ ничего слышать.	Это не слыхано.
Pray, tell me.	What are you going to say?
Скажите мнѣ, сдѣлайте одолженіе.	Что вы хотите сказать.
Who said it?	Who has told you so?
Кто сказалъ это?	Кто вамъ это сказалъ?

As I told you.
Какъ я сказалъ вамъ.

It is said.
Говорятъ.

That is to say.
То есть.

If I may say so.
Такъ сказать.

What do you think of that?
Что вы думаете объ этомъ.

Tell me what is the matter.
Скажите мнѣ въ чемъ дѣло.

You need only to speak a word.
Вамъ остается сказать только слово.

You don't say so!
Въ правду ли?

Speak your mind.
Объявите ваше мнѣніе.

Speak freely!
Говорите откровенно.

It is the common talk.
Такъ говорятъ всѣ.

You may say what you please.
Говорите что угодно.

Did you speak with them.
Говорили ли вы съ ними?

Be quick.
Говорите коротко.

You talk strangely.
Вы очень странно говорите.

He is a tell-tale.
Онъ пересказываетъ все.

Has nobody asked for me?
Никто меня не спра-
шивалъ?

Ask his name.
Спрашивайте у него имя.

Your friend has inquired for you.
Вашъ другъ васъ спра-
шиваетъ.

He has asked after your health.
Онъ осведомлялся о ва-
шемъ здоровьѣ.

This is a strange question.
Это странный вопросъ.

I will ask you a question.
Я вамъ предложу вопросъ.

What answer did he give you?
Что отвѣчалъ онъ вамъ?

What is your name?
Какъ ваше имя?

My name is George.
Меня зовутъ Геор-
гіемъ.

What do you call that?
Какъ назовете вы это?

Call my servants.
Позовите моихъ слу-
жителей.

Are you calling me?
Вы зовете меня?

Call him back.
Позовите его назадъ.

What is cried about the street?
Что кричатъ на улицѣ?

You have been misinformed.
Вы имѣете объ этомъ невѣрныя извѣстія.

I have received intelligence from the best authority.
Я получилъ достовѣрное извѣстіе.

Do not take it amiss.
Не принимайте это въ другую сторону.

He is in the secret.
Онъ знаетъ тайну.

It makes a fine show.
Это имѣетъ прекрасный видъ.

He will **take lessons from** you.
Онъ будетъ брать у васъ уроки.

In my opinion.
По моему мнѣнію.

The notice came in too late.
Извѣстіе о томъ пришло **слишкомъ** поздно.

I advised him of it.
Я сообщилъ ему **объ** этомъ.

I take it well.
Я принимаю это въ хорошую сторону.

Keep your counsel.
Храните тайну.

He taught me writing.
Онъ научилъ меня писать.

Be advised.
Слѣдуйте моему совѣту.

May I trouble you for it?
Смѣю **ли** спросить васъ?

Pray be so kind.
Прошу васъ, потрудитесь.

I assure you.
Увѣряю васъ.

On my honor.
Какъ честный человѣкъ.

I grant that he is right.
Я сознаюсь въ томъ, что онъ правъ.

That is all I can promise.
Это все что я могу обѣщать.

Do as you are bid.
Дѣлайте то, что вамъ велятъ дѣлать.

By way of comparison.
Сравнительно.

You are greatly mistaken.
Вы жестоко обманываетесь.

What did he ask of you?
О чемъ просилъ онъ васъ?

To be sure.
Безъ сомнѣнія.

I cannot assert it.
Я не могу утверждать этого.

He promised me that he would come.
Онъ далъ мнѣ слово быть.

He has given his word.
Онъ далъ слово.

I am equal to him.
Я ему равенъ.

He cannot be blamed for it.
Его нельзя винить.

He is easily deceived.
Его легко обмануть.

They have imposed upon
  you.
Васъ обманули.

Keep your peace.
Молчите.

I will consider it.
Я подумаю объ этомъ.

Do you doubt it?
Не ужели вы сомнѣ-
  ваетесь.

I have quite forgotten it.
Я совершенно забылъ
  объ этомъ.

Do you know him?
Знаете ли вы его?

I have been long acquainted
  with him.
Мы съ нимъ старые
  знакомые.

He knew me by my voice.
Онъ узналъ меня по
  голосу.

Be quiet.
Замолчите.

I am looking for my hat.
Я ищу мою шляпу.

I thought of it.
Я подумалъ объ этомъ.

He called it in question.
Онъ сомнѣвался въ этомъ.

It is quite out of my mind.
Это вышло у меня изъ
  памяти.

I know him by sight.
Я знаю его по виду.

I will make you acquainted
  with him.
Я познакомлю васъ съ
  нимъ.

We recognized him immedi-
  ately.
Мы его тотъ часъ узнали.

If I had known it.
Если бы я это зналъ.
Don't you know it?
Развѣ вы этого не знаете.
Take my word for it.
Повѣрьте моему слову.
I depend entirely upon you.
Я совершенно полагаюсь на васъ.
You will come, I hope.
Надѣюсь что вы прійдете.
I did not expect it.
Я не ожидалъ этого.
I will wait till he comes.
Я жду его.
What do you want me to do?
Что хотите вы чтобъ я сдѣлалъ?

You will learn it to-morrow.
Вы узнаете это завтра.
I believe you.
Я вѣрю вамъ.
How can I believe that?
Какъ могу я этому повѣрить.
He has been trusted with it.
Ему это ввѣрили.
She still has hopes.
Она не лишилась еще надежды.
That drives him to despair.
Это его привело въ отчаяніе.
Shall I stay for you?
Ожидать ли мнѣ васъ?
He intends to set out to-morrow.
Онъ хочетъ завтра выѣхать.

He does all he can.
Онъ сдѣлаетъ возможное.

I will have it so.
Я хочу чтобъ такъ сдѣлали.

He does not know his own mind.
Онъ не знаетъ чего хочетъ.

She bears ill will against me.
Она желаетъ мнѣ зла.

I wish you all happiness.
Я желаю вамъ всякаго благополучія.

It cannot be.
Это не возможно.

I can do nothing in that affair.
Я ничего не могу сдѣлать въ этомъ случаѣ.

That may be.
Это можетъ быть.

You shall have all that you wish for.
Вамъ дадутъ все чего желаете.

He wishes me well.
Онъ желаетъ мнѣ добра.

He longs for it.
Онъ страстно желаетъ этого.

I should like to know.
Мнѣ хочется знать.

How should it be possible?
Какъ это возможно.

You have great power over him.
Вы имѣете надъ нимъ большую силу.

It may happen.
Это можетъ случится.

It is very possible.
Это очень возможно.

I can bear it no longer.
Я не могу болѣе сно-
    сить.

I have taken the liberty.
Я осмѣливаюсь.

The newspaper has been
    suppressed.
Газета запрещена.

He is obliged to do it.
Онъ обязанъ это сдѣлать.

She acts just as she ought.
Она дѣлаетъ точно то
    что должна дѣлать.

It ought to be so.
Это должно быть такъ.

He does not behave as he
    ought.
Онъ не ведетъ себя
    какъ падлежитъ.

I was compelled to do it.
Меня принудили къ этому.

What do you resolve upon?
На что рѣшаетесь вы?

What do you intend to do?
Что предполагаете вы
    дѣлать?

He cannot make up his
    mind.
Онъ не знаетъ на что
    рѣшиться.

There is nothing settled as
    yet.
Еще ничто не рѣшено.

I have a great deal to do.
Я имѣю много работы.

I am busied about it.
Я занятъ этимъ.

What do you intend by that?
Что разумѣете вы этимъ?

I will get it done.
Я велю это сдѣлать.

What shall I do with it?
Что мнѣ съ этимъ дѣлать?

What harm have I done you?
Что я вамъ сдѣлалъ?

Give us something to eat.
Дайте намъ кушать.

Give him ever so little.
Дай ему сколько нибудь.

He gave it back to him.
Онъ отдалъ ему это.

Take without ceremony.
Берите безъ церемоніи.

It is on purpose.
Это сдѣлано съ намѣреніемъ.

He did not know what to make of it.
Онъ не знаетъ что дѣлать съ этимъ.

Would you do this?
Вы это сдѣлали бы?

What is that to you?
Какое вамъ дѣло?

You must give me more.
Вы должны мнѣ больше дать.

Give me my change.
Отдайте мнѣ остальное.

I shall return you two-fold.
Я вамъ возвращу вдвое.

I accept your invitation.
Я принимаю ваше приглашеніе.

Take him along with you. — Берите его съ собою.
He took my hand. — Онъ взялъ меня за руку.
I love your brother with all my heart. — Я отъ всего сердца люблю вашего брата.
He fell in love with her. — Онъ пристрастился къ ней.
I do not like it. — Это мнѣ не нравится.
I make very much of him. — Я его высоко цѣню.
Be not disheartened. — Не унывайте.
Do not be angry. — Не сердитесь.
Why are you weeping? — О чемъ плачете вы?
I am very sorry. — Мнѣ это очень жаль.

Accept what is given to you. — Берите то что вамъ даютъ.
Take it at the top. — Возьмите это сверху.
I like him very much. — Я его очень люблю.
I am no friend to such things. — Я не люблю это.
I am greatly displeased with it. — Мнѣ это очень непріятно.
He makes a wonder of every thing. — Онъ удивляется всему.
I recover myself a little. — Я успокоиваюсь не много.
What do you complain of. — На что жалуетесь вы?
She weeps with sorrow. — Она плачетъ отъ тоски.
I am heartily glad of it. — Это сердечно меня радуетъ.

It is very amusing.
Это очень пріятное занятіе.

It is very ridiculous.
Это очень смѣшно.

You played me a trick.
Вы сыграли со мною штуку.

You are a pretty fellow indeed.
Вы право, презабавны.

You are a naughty fellow.
Вы человѣкъ безъ воспитанія.

Idleness is an inlet to all vices.
Праздность есть мать пороковъ.

The wind is tolerably fair.
Вѣтеръ попутенъ.

Let us go down to the cabin.
Сойдемъ въ каюту.

It amuses me very much.
Это меня очень забавляетъ.

I was merely joking.
Я только шутилъ.

He is a joker.
Это шутъ.

A joke.
Это шутка.

He abuses every body.
Онъ бранитъ всѣхъ.

Home is home though it be ever so homely.
Всякому свой домъ милъ.

There we are, on board.
Теперь мы на кораблѣ.

Where is my place?
Гдѣ мое мѣсто?

Let us go on deck.
Взойдемъ на палубу.

The sea is rough.
Море очень волнуется.

Are you subject to sea-sickness?
Склонны ли вы къ морской болѣзни.

Is the mouth of the harbor safe?
Удобенъ ли входъ въ гавань?

Navigation.
Мореплаваніе.

A squadron.
Эскадра.

A pilot.
Лоцманъ.

A ship.
Корабль.

A frigate.
Фрегатъ.

It is the captain.
Это капитанъ.

The rolling of the vessel makes me sick.
Колебаніе корабля мнѣ наводитъ тошноту.

The sea is calmer.
Море стало тише.

I think, I see the shore.
Мнѣ кажется что вижу берегъ.

A fleet.
Флотъ.

An admiral.
Адмиралъ.

A sailor.
Матросъ.

A man of war.
Военный корабль.

A corvette.
Корветъ.

A brig.	**A** schooner.
Бригъ.	Шкуна.
A gun-boat.	**A boat.**
Канонирская шлюпка.	Лодка.
A life-boat.	A yacht.
Спасительное судно.	Яхта.
The hold.	The deck.
Трюмъ.	Палуба.
A mast.	The rudder.
Мачта.	Кормило.
An oar.	An anchor.
Весло, гребло.	Якорь.
The cable.	The ropes.
Канатъ.	Веревки.
A flag.	A compass.
Флагъ.	Компасъ.
The stern poop.	The prow.
Корма.	Носъ.
The cabin.	**A** port-hole.
Каюта.	Портъ.
Ballast.	A cargo.
Балластъ.	Грузъ.

To spring a leak.
Течь.

A light-house.
Маякъ.

A dock.
Докъ.

Landing.
Выгрузка.

To caulk.
Конопатить.

To strike the sails.
Снимать паруса.

A cannon.
Пушка.

A musket.
Ружье.

A carabine.
Карабинъ.

A bomb.
Бомба.

To run a ground.
Разбиться.

Dry dock.
Корабельная верфь.

The wet dock.
Пристань.

Loading.
Груженіе.

To hoist the sails.
Поднять паруса.

Sea fight.
Морское сраженіе.

Great gun.
Тяжелое орудіе.

A pistol.
Пистолетъ.

A mortar.
Мортира.

The match.
Фитиль.

THE END.

www.ingramcontent.com/pod-product-compliance
Lightning Source LLC
Chambersburg PA
CBHW021947160426
43195CB00011B/1263